NOTICE

SUR LA COMMUNE DE

CHATILLON-SOUS-BAGNEUX

LUE

A LA DISTRIBUTION DES PRIX DES ÉCOLES COMMUNALES

Le 8 Septembre 1872

PAR

Le Docteur Amédée LATOUR

Membre associé libre de l'Académie de médecine
Secrétaire honoraire du Comité consultatif d'hygiène publique de France
Rédacteur en chef de l'Union Médicale
Secrétaire général de l'Association générale de Prévoyance
et de Secours mutuels des médecins de France
Officier de la Légion d'honneur, Officier d'Académie
Membre de plusieurs Sociétés savantes
nationales et étrangères, etc.

PARIS

IMPRIMERIE FÉLIX MALTESTE ET Cie

Rue des Deux-Portes-Saint-Sauveur, 22

1880

NOTICE

SUR LA COMMUNE DE

CHATILLON-SOUS-BAGNEUX

4341. — Paris. Imp. F. MALTESTE et Cᵉ, 22, rue des Deux-Portes-Saint-Sauveur.

NOTICE

SUR LA COMMUNE DE

CHATILLON-SOUS-BAGNEUX

LUE

A LA DISTRIBUTION DES PRIX DES ÉCOLES COMMUNALES

Le 8 Septembre 1872

PAR

Le Docteur Amédée LATOUR

Membre associé libre de l'Académie de médecine
Secrétaire honoraire du Comité consultatif d'hygiène publique de France
Rédacteur en chef de l'Union Médicale
Secrétaire général de l'Association générale de Prévoyance
et de Secours mutuels des médecins de France
Officier de la Légion d'honneur, Officier d'Académie
Membre de plusieurs Sociétés savantes
nationales et étrangères, etc.

PARIS

IMPRIMERIE FÉLIX MALTESTE ET Cie

Rue des Deux-Portes-Saint-Sauveur, 22

—

1880

A MONSIEUR LOUVEAU

Ancien maire de la commune de Châtillon-sous-Bagneux
Ancien avoué au Tribunal de première instance
du département de la Seine
Chevalier de la Légion d'honneur
Officier d'Académie
Président de l'Union scolaire de l'arrondissement
de Sceaux.

Monsieur,

Vous avez inspiré ce modeste travail, il est donc bien naturel que je vous en fasse hommage.

Durant les longues années que vous avez présidé à l'administration de notre commune, vous avez surtout dirigé vos intelligents efforts vers les progrès de nos écoles communales. Le succès a couronné votre zèle. Dans tous les concours nos écoles brillent aux premiers rangs, et sur leur riche bannière sont attachées de nombreuses médailles d'honneur. L'impulsion que vous avez imprimée à notre enseignement primaire se maintiendra, comme le souvenir de vos bienfaits se conservera parmi vos concitoyens reconnaissants, au nombre desquels je vous prie de compter

Votre bien dévoué,

Dr Amédée LATOUR.

Châtillon-sous-Bagneux, le 15 novembre 1880.

CHATILLON-SOUS-BAGNEUX

CHERS ENFANTS,

Où naît, où commence l'amour de la patrie, si ce n'est au pays qui nous a vus naître, au foyer de la famille, à l'ombre du clocher de notre village, là où, dans quelques conditions que nous placent les hasards de l'existence, nos souvenirs nous ramènent sans cesse ; là où nous avons éprouvé nos premières affections, nos premiers plaisirs, comme nos premières peines, dans ce lieu dont le malheureux exilé ne peut entendre prononcer le nom sans attendrissement, qui ranime le courage et l'espoir du pauvre nostalgique, ce nom magique, le Pays natal !

Bientôt, et par une extension plus large et plus noble, ce sentiment d'affection pour le pays natal, s'élève, s'agrandit, et c'est sur la Patrie tout entière que se portent notre affection, notre sollicitude, nos joies dans ses triomphes, nos douleurs dans ses revers.

La Patrie ! ah ! mes chers enfants, plus vous la connaîtrez, plus vous l'aimerez ; aussi faut-il vivement remercier ceux qui dans le programme de vos études, ont donné une large place à la géographie et à l'histoire de la France. Et comme le commencement de cette patriotique tendresse est la conséquence de l'affection qu'on porte à son pays natal, je me suis dit: Pourquoi l'initiation à la connaissance de l'histoire de la patrie ne commencerait-elle pas à l'histoire de ce pays natal qui, grand ou petit, humble ou célèbre, modeste ou retentissant, a eu sa part, minime ou considérable, dans l'histoire triomphante ou douloureuse de la patrie commune.

Et alors, cédant aux trop bienveillantes instances de notre digne maire, qui, à lui seul et beaucoup mieux que moi, aurait pu remplir le programme de cette fête de nos écoles, l'idée m'est venue de vous retracer en quelques mots et à grands traits, l'histoire de notre chère commune de Châtillon, à laquelle les derniers et funestes événements que nous venons de subir ont donné une triste et impérissable notoriété.

Mais, chers enfants, on n'invente pas l'histoire. Par des recherches, des lectures et des études, on peut la reconstituer, et c'est ce qui a été déjà fait, et bien fait, par un homme aussi savant que modeste, archéologue distingué, écrivain sérieux, ayant pris la peine de recourir aux sources, ayant consulté tous les documents contenus dans nos bibliothèques et dans nos archives nationales, comme dans les plus vieux registres de notre paroisse, et qui, avec des renseignements authentiques, a pu publier sur la commune de Châtillon une notice pleine de savoir et d'intérêt.

Il m'est doux et agréable, devant vous, chers enfants, et devant les principaux magistrats et habitants de la commune, de rendre un public hommage à ce zélé et laborieux chercheur, qui, après avoir habité pendant vingt-cinq ans notre village, et s'être épris pour lui d'une véritable affection, a voulu lui consacrer un travail très estimé des savants et des historiens.

Ce digne homme s'appelait M. Troche, et son ouvrage, publié en 1850, est intitulé :

Notice historique et archéologique sur la commune et paroisse de Châtillon-sous-Bagneux.

Mais je vous préviens que cette notice est devenue fort rare ; on ne la trouve plus dans le commerce de la librairie. La Bibliothèque nationale n'en possède qu'un exemplaire, et il m'a fallu avoir quelques intelligences dans la place pour qu'elle ait pu m'être confiée pendant trois jours seulement. J'ai appris depuis que M. le curé de Châtillon en possédait quelques exemplaires, et il a eu la bonté, dont je le remercie, de m'en céder un. J'espère qu'il fera le même don à la commune, qui le conservera précieusement dans ses archives.

C'est donc à l'aide de cette notice et de quelques autres renseignements que j'ai pu me procurer, que je vous demande la permission d'esquisser devant vous les traits principaux de l'histoire de notre commune.

I

Cette histoire, chers enfants, ne se perd pas absolument dans la nuit des temps. Les Gaulois, nos ancêtres, n'ont laissé aucun vestige de leur séjour. De la conquête romaine, on n'y trouve aucune trace. Les rois de nos deux premières races n'y ont laissé aucune empreinte. Avec le régime féodal seul, Châtillon naît à l'histoire, et encore sur ses premiers temps règne une profonde obscurité. Son nom de Châtillon, qu'il partage d'ailleurs avec une quarantaine de villes ou villages de la France, et qui veut dire château, petit château, c'est-à-dire forteresse, indique qu'il existait probablement un lieu fortifié, et comme ces fortifications étaient toujours construites sur des points très élevés, il est probable que, sur le sommet de la colline qui domine Châtillon, s'élevait autrefois un château fortifié. Les restes très bien conservés de deux tours que l'on voit à cet endroit, donnent une grande apparence de réalité à cette supposition. Mais ce n'est qu'une supposition, car aucun document ne nous est resté qui donne l'indication sûre et certaine de la destination de ces tours. Ce lieu est désigné aujourd'hui sous le nom de tour de Crouy, mais ce nom ne paraît être même qu'une altération du nom de Croy ou de Croi, nom d'une très ancienne famille française, dont un membre a habité ce lieu vers le milieu du dernier siècle.

En l'absence de tout document historique, vous pouvez, chers élèves de nos écoles, exercer vos jeunes imaginations et vous dire : oui, très probablement, dans ce lieu si favorable, à cette altitude de 172 mètres au-dessus du niveau de la mer, point culminant de tous les environs, devait s'élever un château-fort dont les tours, contemporaines de leurs voisines, correspondaient par des signaux avec la tour de Montlhéry, celle-ci avec les tours d'Étampes, celles-ci avec les tour de Dourdan, et ainsi de suite, et vous pourrez ainsi reconstituer tout un système de défense, soit des seigneurs féodaux entre eux ou contre eux, soit de ces seigneurs contre le roi de France dont ils n'étaient que les vassaux, souvent en révolte, soit enfin de protection envers Paris, dont toutes les avenues et le fleuve étaient commandés par des ponts fortifiés, et vous arriverez ainsi à penser que nos pères avaient déjà conçu et réalisé un admirable plan de défense de Paris, qui est actuellement à l'étud et qui, s'il eût été exécuté de nos jours, aurait préservé peut-être notre capitale du siège cruel qu'elle a subi, ou tout au moins aurait si loin prolongé et tellement agrandi la ligne d'investissement que, malgré leur nombre, les armées allemandes n'eussent osé le tenter.

Mais, je vous le répète, ce ne sont que des conjectures plus au moins probables, et qu'aucun document ne justifie. Les constructions élevées près de ces tours et que la guerre et l'insurrection de la commune ont réduites en ruines, étaient relativement modernes et sans caractère. Sur la plus haute de ces tours s'élevait un petit pavillon dans lequel un compositeur élégant et distingué, M. Albert Grisar, a écrit sa charmante partition des *Porcherons*. Vous me pardonnerez de vous dire aussi que mon illustre maître et ami, M. Velpeau, l'un des plus célèbres chirurgiens de notre temps, a pendant plusieurs saisons d'été habité cette demeure.

Ne quittons pas cette colline sans admirer le panorama splendide qu'elle offre à nos regards. C'est, sans contredit, le plus grandiose point de vue de tous les environs de Paris, et l'on s'étonne que, si près des barrières, un spéculateur n'ait pas encore pensé à y fonder quelque grand établissement d'attraction. Quel plus magnifique spectacle! Paris et son immensité et sa banlieue si accidentée, s'y déroulent depuis Saint-Cloud jusqu'à Vincennes ; sur un plan plus rapproché, les vallées délicieuses de Bagneux et de Sceaux, si pittoresquement couronnées par les bois d'Aulnay et de Verrières ; à gauche Clamart comme noyé dans le bois de Meudon, et sur le dernier plan, comme cadre à ce magnifique tableau, l'inexpugnable Mont-Valérien qui semble dire à Paris : Sois tranquille, je te protège ; les coteaux de Saint-Germain, d'Argenteuil, de Sannois et de Montmorency.

L'imagination la plus poétique rêverait un pareil paysage qu'elle n'arriverait pas à la réalité de ce tableau magnifique et sans pareil. Et comment se fait-il que ce coteau délicieux ne soit pas peuplé de villas et de maisons de plaisance? N'en accusons, mes enfants, que la rareté et la difficulté des communications, et disons-nous que lorsque notre excellent maire, qui a déjà tant fait pour le pays, sera débarrassé des soucis que lui ont donnés les réparations de notre église et de son clocher, de la mairie et de nos écoles, il tournera certainement son activité intelligente et habile, son dévouement et son zèle à doter notre pays de moyens de communication rapides et faciles (1).

II

Je quitte avec regret ce plateau, aujourd'hui plus que jamais célèbre, ne pouvant vous indiquer que très brièvement les événements dont il a été le théâtre. Hélas! ce n'est pas de nos jours seulement qu'il a subi les ravages, ainsi que Châtillon, de la guerre étrangère et de la guerre civile. Les historiens rapportent qu'en 1417, pendant la guerre des Armagnacs et des Bourguignons, Jean-sans-Peur, duc de Bourgogne, vint camper avec son armée, dans les premier jours d'octobre, sur la montagne de Châtillon et y resta huit jours, pillant et dévastant tous les villages environnants, à huit lieues à la ronde, et cela pendant que l'étranger souillait le sol de la France, d'où le chassa l'héroïque et infortunée Jeanne d'Arc. Ainsi nos pères nous avaient déjà donné ce triste exemple qui n'a été que trop imité, que la présence de l'étranger sur le sol de la patrie n'a pu arrêter les ambitions, les fureurs et les crimes des partis qui nous divisent.

(1) Ce *desideratum* a été accompli depuis 1877. La Compagnie des Tramways-Sud a organisé un service qui dessert Fontenay-aux-Roses, Châtillon, Montrouge, par une ligne qui part de la place de Saint-Germain-des-Prés et se termine à Fontenay.

Un souvenir plus patriotique se rattache à l'invasion de 1815 où le plateau de Châtillon devint aussi le point de mire des armées alliées. Attaquées vaillamment à Versailles par le général Vandamme, elles purent cependant arriver jusqu'au plateau qu'elles occupèrent sans une vive résistance de notre petite armée et de quelques compagnies de gardes nationaux échelonnées en tirailleurs. C'est dans cette action qu'un sieur Garnier, chevalier de la légion d'honneur, militaire retraité et propriétaire à Châtillon, s'étant armé en tirailleur, tua un hussard prussien et en prit un autre équipé, qu'il conduisit lui-même à l'état-major de la place de Paris. Le lendemain, les Anglais occupèrent les hauteurs et le village lui-même qu'ils pillèrent de fond en comble.

C'était la deuxième fois que notre malheureux village subissait ce cruel outrage.

Il nous était réservé de le subir pour la troisième fois.

Celle-ci fut la conséquence de la journée néfaste du 19 septembre 1870, qui mit en possession de l'armée allemande le plateau et la redoute inachevée de Châtillon. Je ne me sens pas le courage et je n'ai peut-être pas assez de liberté pour insister sur cette action lamentable qui fit prendre à l'ennemi une position formidable d'attaque contre les forts du Sud et contre Paris. Sur la crête et sur les divers penchants de la colline, l'ennemi n'éleva pas moins de vingt-quatre batteries, sans que pendant cinq mois de bombardement elles aient pu réduire au silence un seul de nos forts. C'est de ces batteries surtout que les faubourgs du Sud de

Paris ont eu à souffrir, jusqu'au jour de la capitulation humiliante, mais inévitable de la capitale.

Mais, hélas! là ne finit pas la triste histoire du plateau de Châtillon, une épreuve plus pénible l'attendait encore.

Les insurgés du 18 mars étaient venus camper sur le plateau. Ils ne le gardèrent pas longtemps, car le 3 et 4 avril, après deux affaires décisives où ils perdirent un grand nombre de morts et 1,500 prisonniers, ils furent débusqués de cette position par l'armée de Versailles et forcés de rentrer dans un désordre indicible dans les forts et sous les remparts. Mais alors commencèrent pour Châtillon de tragiques événements. Maîtresse de tous les forts du Sud, Châtillon et son plateau devinrent le principal objectif de l'insurrection, et pendant soixante jours et soixante nuits furent soumis à un bombardement frénétique et si continu, que c'est miracle qu'une seule maison soit restée debout, qu'un seul habitant ait survécu à cette terrible catastrophe, catastrophe odieuse, sans prétexte et sans motifs, car l'armée de Versailles, à l'abri dans ses tranchées, souffrait à peine de ce bombardement féroce, tandis que les malheureux habitants, exposés sans défense aux feux croisés des quatre forts et des Hautes-Bruyères, périssaient en nombre, innocentes victimes de cette guerre impie, ou voyaient s'écrouler leurs demeures sous une grêle d'obus sacrilèges.

Ce qu'est devenu Châtillon après le double malheur de la guerre étrangère et de la guerre civile, vous l'avez vu, et je n'ai pas à le décrire. Ce désolant spectacle restera certainement gravé dans vos souvenirs qui vous rappelleront sans cesse la terrible leçon donnée à notre imprévoyance, à notre orgueil, à notre mépris de la discipline et de l'autorité, à l'abandon de tous les principes qui font les nations puissantes, craintes et respectées.

III

Maintenant, mes chers enfants, descendons ce plateau si tristement fameux, et pénétrons dans cette agglomération qui a reçu le nom de Châtillon-sous-Bagneux. Pourquoi sous Bagneux ? Ne craignez pas que j'aille secouer devant vous la poussière de vieux parchemins, de vieilles chartes, et faire parade d'une érudition d'autant plus facile à montrer que de plus savants que moi ont pris la peine de l'acquérir et de la transmettre. Cependant, quant à cette désignation de Châtillon-sous-Bagneux, les savants ne savent pas grand chose et en sont réduits aux conjectures. Ils supposent qu'à l'origine, Châtillon, n'était qu'une dépendance de Bagneux, plus ancien que lui. Mais un document authentique du XIe siècle, et du règne de Philippe Ier, indique Châtillon comme agglomération indépendante. Bagneux appartenait alors au Chapitre de Notre-Dame, il paraît probable que Châtillon en fut détaché à cette époque, et sa seigneurie donnée à l'abbaye des Bénédictins de Saint-Germain-des-Prés. Car il y avait eu au moyen âge plusieurs seigneurs de Châtillon, mais leurs noms sont restés inconnus. L'abbaye de Saint-Germain-des-Prés a possédé cette seigneurie pendant plus de 600 ans, jusqu'en 1597, qu'elle la vendit à Richard Tardieu, seigneur du Mesnil, moyennant 1,500 écus d'or et deux chandeliers d'argent pour le chœur de l'abbaye.

Voulez-vous savoir en quoi consistait cette seigneurie de Châtillon ? L'acte de vente subsiste et se trouve aux archives nationales ; en voici quelques indications : La dite seigneurie consistait en haute, moyenne et basse justice, fourches patibulaires, carcan et prison, officiers pour l'exercice d'icelle justice, droit de moulins, fours et pressoirs banaux, droits de gélinage (chasse au vol) et de pain, plus un manoir seigneurial, un clos fermé de murs, vingt-cinq arpents de terre labourable, plus la seigneurie que possédaient les religieux à Fontenay.

Les Tardieu, sur lesquels je reviendrai tout-à-l'heure, ont possédé la seigneurie de Châtillon jusqu'en 1677, où Jean-Baptiste Colbert, le grand ministre de Louis XIV, acheta la terre de Châtillon pour la réunir à celle de Sceaux, en forma un marquisat, qui a passé, vers l'an 1700, dans la maison de Bourbon, par le duc du Maine, fils légitimé de Louis XIV et de madame de Montespan.

La duchesse du Maine, fille du grand Condé, possédait encore cette seigneurie en 1766. Après sa mort, elle échut à son petit-fils, le vénérable duc de Penthièvre, qui la conserva jusqu'à la Révolution et qui a été le dernier seigneur de Châtillon.

Telle a été, depuis le XIe siècle, jusqu'à la fin du XVIIIe, la succession des seigneurs de Châtillon. Avant, obscurité complète ; après, destruction, dévastation, dispersion et morcellement de ces monuments et de ces terres historiques dont on ne trouve plus de traces que dans des documents écrits. Je sais bien qu'une certaine école appelle cela le progrès, mais je voudrais bien qu'on me dît ce que Sceaux et les villages qui l'environnent ont gagné à la destruction de ce splendide château où tous les arts avaient rassemblé leurs merveilles, où se réunissait une Cour magnifique qui appelait à elle toutes les illustrations de l'époque, où des fêtes splendides attiraient une foule immense et distinguée, qui répandait le bien-être et l'aisance sur toute la contrée. J'ai connu dans ma jeunesse un vieil habitant de Sceaux, qui avait été témoin de toutes ces merveilles et qui m'énumérait les bienfaits dont le dernier seigneur, le duc de Penthièvre, avait doté le pays. Savez-vous, me disait avec attendrissement ce respectable vieillard, de quoi s'occupait le duc de Penthièvre, quand il fut dépossédé de son domaine de Sceaux ? Seigneur de Châtillon, il avait été frappé et ému de l'absence d'eau dans cette dépendance de ses propriétés, et il étudiait avec ses ingénieurs un projet de faire monter l'eau de la Seine jusque dans ce village, exposé sans protection aux ravages des incendies.

Châtillonais, qui jouissons aujourd'hui d'un bienfait dont la première idée remonte à près d'un siècle, honorons par un témoignage de reconnaissance et de respect la mémoire du dernier seigneur de Châtillon.

Cependant, outre la seigneurie, Châtillon avait encore

d'autres fiefs qui donnaient aussi à leurs possesseurs quelques droits féodaux. A l'angle de la rue de la Fontaine et de la rue de Paris, dans la maison occupée par le marchand de tabac, vous avez peut-être remarqué ce qu'en terme d'architecture on appelle fort incongrûment un cul-de-lampe en pierre; c'est ce qui reste d'une tourelle qui existait encore en 1735, et qui indiquait l'emplacement d'un ancien fief appelé, on ignore pourquoi, fief des Tranches-Marcades.

Dans la rue de la Fontaine existait encore un autre fief appartenant aux Dames Bénédictines de Notre-Dame-de-Gif, à trois lieues au Midi de Versailles. De ce fief il n'existe plus rien qu'une cour commune à plusieurs habitants où a longtemps vécu une des figures les plus originales de Châtillon, la célèbre Dame Blanche, qui y a exercé son métier de rebouteuse, sur lequel mon diplôme légal de docteur en médecine m'interdit toute appréciation.

IV

Je voudrais maintenant vous introduire, chers enfants, dans quelques monuments ou habitations de notre village auxquels se rattache quelque souvenir ou historique ou anecdotique. Afin de ne pas abuser de votre attention, j'abrégerai beaucoup les indications que je pourrais vous donner sur ce sujet.

Et d'abord entrons pieusement dans la maison du Bon-Dieu, dans notre vieille église, l'objet, en ce moment, d'une restauration que les désastres de la guerre et de l'insurrection avaient rendue bien nécessaire.

Le savant historien du diocèse de Paris, l'abbé Lebeuf, assure que l'église primitive de Châtillon ne fut qu'une petite chapelle dédiée à saint Eutrope. Est-ce la tradition de ce vocable qui s'est perpétuée jusqu'à nos jours, et qui rend les cultivateurs de Châtillon si attentifs à ne pas faire leurs semailles de haricots avant la Saint-Eutrope, dont l'église célèbre la fête le 30 avril ?

Pourquoi notre fête patronale a-t-elle été reportée à un jour plus loin, le 1er mai, jour de la fête de Saint-Jacques et de Saint-Philippe, apôtres ? On n'en sait trop rien, mais déjà, en 1489, notre église était placée sous l'invocation de ces deux saints, et par conséquent notre église était déjà construite (1).

Elle porte en effet le cachet du XVe siècle, et malgré les mutilations et les dégradations qu'elle avait subies, les archéologues y retrouvaient le style de cette époque. C'est donc avec raison et par un sentiment artistique

---

(1) Je m'abrite sous la soutane de l'ancien curé de Châtillon, M. l'abbé Schire, qui m'a fait le récit suivant :

Pendant la nuit d'un 30 avril, il gela si fort que tous les fruits de la terre furent perdus. Les cultivateurs, indignés contre le patron de leur paroisse, saint Eutrope, qui ne les avait pas préservés de ce désastre, durant la nuit même de sa fête, le déclarèrent déchu de ses fonctions, jetèrent à bas sa statue et demandèrent son remplacement à l'évêque de Paris, qui leur accorda cette demande, en substituant saint Jacques et saint Philippe à saint Eutrope, comme patrons de la paroisse de Châtillon.

éclairé que M. Naissant, l'architecte, sous la direction duquel s'opère la restauration actuelle, lui conserve le caractère architectural de ce siècle.

Nous possédons d'assez nombreux documents sur les modifications et transformations tantôt intelligentes, tantôt malheureuses, qu'a subies notre église. Mais ces détails m'entraîneraient trop loin, je les supprime, et à tout seigneur tout honneur, je passe au manoir féodal de Châtillon.

V

Ce manoir était situé dans la rue de Paris, à droite, en descendant, et comprenait à peu près tout l'espace qui s'étend de la rue de la Fontaine à la demi-lune et au-delà. Ce manoir était beaucoup moins un monument, un château, qu'une agglomération de constructions sans style et sans caractère. Déjà à la fin du XVIe siècle, lorsque l'abbaye de Saint-Germain-des-Prés le vendit aux Tardieu, ce manoir, ainsi que le constate l'acte de vente, était en très mauvais état, et lorsque Colbert l'acheta des Tardieu, il tombait en ruines. Tous ces Tardieu ont été enterrés dans l'église de Châtillon, dans un caveau, sous la chapelle de la Vierge, ainsi que le constatent les registres d'inhumation de la paroisse.

Le dernier de ces Tardieu fut messire Jacques Tardieu, conseiller du Roi, lieutenant criminel du Châtelet, seigneur de cette paroisse et autres lieux. Sa fin et celle de sa femme, Marie Terrier, furent tragiques. Deux voleurs, les frères Touchet, s'introduisirent dans leur demeure située à Paris, quai des Orfèvres, le 24 août 1665, leur demandèrent 50 pistoles, et sur le refus des époux Tardieu, les assassinèrent. Les serrures de toutes les portes étant à secret, les assassins ne purent s'échapper de l'appartement ; ils furent pris, et trois jours après, — la justice criminelle était expéditive en ce temps-là — condamnés à être rompus vifs, ils expiaient leur peine sur le Pont-Neuf, aux pieds de la statue d'Henri IV. Le jour même, leurs victimes, transportées à Châtillon, étaient enterrées avec une grande pompe dans leur caveau, sous la chapelle de la Vierge. Le récit de cette inhumation est consigné dans les registres paroissiaux.

Le caveau des Tardieu n'existe plus, il fut violé en 1793. Leurs ossement furent dispersés après le vol de leurs cercueils en plomb.

Ces derniers Tardieu, ont été immortalisés par Boileau, mais par un bien mauvais côté, celui de l'avarice, ce vice détestable dont les victimes des frères Touchet étaient atteintes d'une façon odieuse.

Ecoutez ce fragment de la satire X de notre grand satirique :

« Mais pour bien mettre ici leur crasse en tout son lustre,
Il faut voir du logis sortir ce couple illustre ;
Il faut voir le mari tout poudreux, tout souillé,
Couvert d'un vieux chapeau de cordon dépouillé,
Et de sa robe en vain de pièces rajeunie,

A pied dans les ruisseaux traînant l'ignominie.
Mais qui pourrait compter le nombre de haillons,
De pièces, de lambeaux, de sales guenillons,
De chiffons ramassés dans la plus noire ordure,
Dont la femme aux bons jours composait sa parure ?
Décrirai-je ses bas en trente endroits percés,
Ses souliers grimaçants vingt fois rapetassés,
Ses coiffes d'où pendait, au bout d'une ficelle,
Un vieux masque pelé presque aussi hideux qu'elle ?
Peindrai-je son jupon bigarré de latin,
Qu'ensemble composaient trois thèses de satin,
Présent qu'en un procès sur certain privilège,
Firent à son mari les régents d'un collège,
Et qui sur cette jupe à maint rieur encor,
Derrière elle faisait lire *argumentabor ?*

Vous concevez que de si avares personnages n'ont laissé aucune trace bienfaisante dans leur seigneurie de Châtillon.

VI

Dans cette même rue de Paris, presque en face du vieux manoir féodal, et comme pour lui faire honte, au commencement du XVIIIe siècle, un financier très riche nommé Hoguerre, fit bâtir un magnifique château, qui, malgré de grandes mutilations, conserve encore la physionomie de sa splendeur passée. On y voyait naguère de belles peintures de sujets de chasse dues au pinceau de Desportes, et on peut y admirer encore quelques trumeaux et dessus de portes d'un véritable mérite.

Plusieurs propriétaires se sont succédé dans cette belle demeure dont le plus célèbre a été Letellier, contrôleur des bâtiments du Roi, jusqu'à ce qu'elle fût devenue la belle institution de jeunes gens successivement dirigée par MM. Courtois, Chapusot, Hémard et Désormeaux (1).

M. Louveau, notre maire, doit avoir trouvé dans ses titres de propriété que l'élégant pavillon à l'italienne qu'il habite aujourd'hui et qui est de construction récente (1824) a succédé à un très beau château construit par le célèbre Mansard et que les fossés qui se voient encore autour de la maison entouraient alors la cour d'honneur du château. L'origine de cette propriété est diversement racontée par les historiens de Châtillon ; ce qu'il nous est agréable de penser, c'est qu'elle n'a jamais été occupée par un propriétaire plus digne, plus intelligent et plus bienfaisant.

La charmante propriété des dames Johnston était le séjour d'été de M. Lambon, célèbre avocat au parlement de Paris.

La jolie maison de Mme Perrotin pourrait devenir un lieu de pèlerinage, si tous les admirateurs de notre Béranger savaient qu'il s'y trouve une chambre contenant tous les meubles et objets trouvés le jour de son

---

(1) Cette propriété vient d'être acquise pour y fonder un établissement religieux.

décès dans l'humble demeure de notre poète national (1).

Une maison plus ancienne est celle de M. Boscq, rue de la Fontaine, et qui était celle de Denis-Claude Cochin, doyen des échevins de Paris, mort en 1786, à l'âge de 88 ans. Ce digne magistrat, qui aimait beaucoup la botanique, avait réuni dans son jardin une très belle collection de plantes rares et exotiques que J.-J. Rousseau, également savant botaniste, est venu souvent visiter. C'est le fils de Denis Cochin, curé de Saint-Jacques-du-Haut-Pas, qui a fondé l'hôpital qui porte son nom. Heureuse maison qui a toujours eu le bonheur d'être habitée par la bienfaisance et la vertu. Qui de nous n'a respectueusement pressé la main à un vénérable vieillard à barbe blanche, M. Boscq le père, artiste graveur distingué, à qui Dieu a épargné la douleur de voir sa maison pillée et ses collections dispersées? Son digne fils qui, à l'âge encore de la force, vient de prendre sa retraite d'intendant général des armées, consacrera certainement ses lumières et sa grande expérience administrative aux intérêts de notre arrondissement et de notre commune.

L'asile Sainte-Anne est devenu propriétaire de la grande maison qui fut longtemps habitée par Mme la comtesse de Tessé, surnommée la bienfaitrice de Châtillon, puis par la duchesse de Cossé-Brissac, une des dames de la cour de l'infortunée Marie-Antoinette, qui

---

(1) Ce pèlerinage n'aurait plus d'objet aujourd'hui, car M. Perrotin a fait don de ces reliques à la ville de Paris.

y donna des fêtes restées célèbres, puis par l'illustre chimiste Gay-Lussac qui la vendit à M. Camille Paganel, ex-secrétaire général du ministère du commerce, qui a longtemps attiré dans sa demeure une société d'élite de savants et d'hommes de lettres, dont l'illustre secrétaire perpétuel de l'Académie française, M. Villemain, était l'un des membres les plus assidus.

L'industrie et la fabrique ne paraissent avoir jamais eu à Châtillon d'autre représentant que la maison occupée aujourd'hui par la respectable famille Gounin et où, à la fin du dernier siècle et au commencement de celui-ci, s'élevait une manufacture de couvertures de laine. L'eau du puits de cette maison, dit un auteur, avait la propriété de donner aux teintures sur laine une vivacité et une fixité qui dépassaient celles que procurait la rivière célèbre des Gobelins.

Enfin, l'une des plus belles et des plus agréables habitations que Châtillon ait possédées, et dont il reste encore quelques beaux vestiges, est celle qu'un receveur des tailles de l'élection de Paris, un M. Rousseau ou Regnault se fit construire sur la route de Clamart, dans une situation des plus agréables, et dont le domaine était considérable. Ce château a été successivement occupé après son premier propriétaire, par M. de Mesgrigny, conseiller au Parlement de Paris, puis par M. Trudaine, intendant des finances qui y fit exécuter de nombreux embellissements et de grandes décorations, puis enfin par la comtesse de Priopry, qui en fut chassée par la révolution. La bande noire détruisit presque tout le château, abattit les futaies et divisa le domaine en petits lots. Ce qui a survécu de cette somptueuse demeure abrite aujourd'hui la vieillesse..., que dis-je, l'esprit toujours jeune, vif et charmant de M. Lasègue dont vous allez entendre tout-à-l'heure une nouvelle composition de sa muse inspirée (1).

VIII

Si je m'arrêtais ici, chers enfants, vous pourriez peut-être croire que Châtillon, dans les temps passés, n'a eu pour habitants que des seigneurs, des nobles et des financiers. Il ne faudrait pas emporter cette impression de ce récit. Aussi loin que l'on puisse remonter dans les âges, on trouve Châtillon habité par une population active, laborieuse, honnête et industrieuse, demandant son pain à l'épargne et au travail de tous les jours. Dans tous les temps Châtillon a été en possession de deux puissantes sources de richesses, la culture du sol et l'extraction des précieux matériaux que les révolutions du globe ont entassés dans ses sous-sols. Nos plus anciens registres paroissiaux ne remontent, il est vrai, qu'à l'an 1605, et quelques générations s'étaient succédé depuis qu'au commencement du XVIe siècle, Châtillon avait été érigé en paroisse. Mais, puisque nous

---

(1) La commune a eu depuis la douleur de perdre cet aimable et bienveillant vieillard, père de notre éminent confrère, M. Lasègue, professeur à la Faculté de médecine de Paris.

ne pouvons tenir compte que des documents qui nous restent, il est agréable de constater qu'un assez grand nombre de familles encore existantes à Châtillon, avaient leurs ancêtres dans cette commune, il y a 267 ans. Ainsi, par rang d'ancienneté, on peut citer les familles Auboin, Sandrin, Martine, Champy, Finet, et quelques autres encore — car il faudrait presque toutes les citer — dont on retrouve les noms dans les plus anciens monuments écrits de ce pays. C'est là, mes enfants, un beau titre de noblesse, une sorte de traînée glorieuse, car dans ces honorables familles, il a toujours voulu dire : travail, honneur et probité.

IX

Tels sont, mes chers enfants, et en les abrégeant beaucoup, et en supprimant grand nombre de détails, les renseignements que j'ai cru pouvoir vous donner sur le pays qui vous a vus naître. Ce pays vous devez l'aimer, vous devez remercier Dieu de vous y avoir donné le jour, car il l'a comblé de ses faveurs. L'air y est d'une pureté, d'une salubrité admirables ; son climat est doux, clément, à l'abri des températures extrêmes; son paysage y est accidenté et pittoresque, son sol est riche et fécond ; les plus précieuses céréales y prospèrent ; le fruit aimé de la vigne y mûrit ; tous les produits de la culture maraîchère et des vergers, fruits et légumes, y acquièrent une beauté, une saveur remarquables ; c'est la patrie de prédilection de la plus aimable, de la plus charmante des fleurs, de la rose ; et au-dessous de ce sol si favorisé, des richesses que vingt siècles n'ont pas épuisées, la pierre calcaire, la meulière, le plâtre, si intelligemment exploités dans ce pays.

Mais au-dessus de tout cela, vos cœurs reconnaissants placeront la sollicitude de votre administration communale pour l'instruction des enfants et des adultes ; elle nous a donné des sœurs admirables de dévouement et de zèle, qui non seulement, jeunes filles, ouvrent votre intelligence aux trésors des connaissances nécessaires, mais élèvent vos âmes par les prescriptions et par l'exemple de toutes les vertus ; à vous, jeunes garçons, un instituteur modèle qui ne croit sa tâche terminée que lorsque, avec l'instruction, il a inculqué dans vos jeunes esprits les sentiments et l'amour du devoir, de l'ordre, du respect et de la discipline (1).

Et il m'a semblé que dans ce jour consacré à récompenser les études de leurs élèves, il était juste et légitime de rendre un public hommage de gratitude aux services rendus par leurs éducateurs.

C'est ainsi, en suivant leurs exemples et leurs leçons, mes jeunes auditeurs, que par une irradiation naturelle, de l'amour de votre village vous vous élèverez à

---

(1) La commune de Châtillon a vu avec regret M. Maillet, cet excellent instituteur, s'éloigner de Châtillon pour aller occuper à Paris une position plus élevée.

l'amour de votre patrie, de notre France, hélas ! si éprouvée, si malheureuse, et qu'il faut que vous aimiez de tout votre cœur, que vous honoriez par votre instruction et vos vertus, et que vous sachiez défendre au jour voulu, par votre valeur et votre courage.

L'UNION MÉDICALE

Journal des Intérêts Scientifiques et Pratiques, Moraux et Professionnels

DU CORPS MÉDICAL

Un journal de médecine, s'il comprend sa mission, doit aujourd'hui remplir une double indication :

Par cela seul qu'il est JOURNAL, il doit paraître souvent, avec une périodicité rapide, et telle que ses lecteurs soient mis incessamment au courant du mouvement incessant de la science et de l'art, des faits et des actes qui intéressent le médecin comme savant, comme praticien, comme remplissant dans la société un des rôles les plus honorables et les plus élevés.

Par cela seul qu'il s'adresse à des savants et à des praticiens, ce journal doit être encore un *livre*, c'est-à-dire un recueil qui puisse accueillir la science sérieuse, la pratique expérimentée, l'observation patiente et longuement réfléchie.

L'UNION MÉDICALE est à la fois un journal et un livre.

L'UNION MÉDICALE paraît trois fois par semaine, le mardi, le jeudi et le samedi, dans le format grand in-8°, d'un caractère élégant et très-lisible, et formant tous les ans deux volumes in-8° de près de 1000 pages, avec titre et table des matières très-étendue pour chaque volume.

CONDITIONS DE L'ABONNEMENT

Un an . . . . 32 fr.
Six mois 17
Trois mois 9

On s'abonne à Paris, au Bureau du Journal
Rue de la Grange-Batelière, 11

DANS LES DÉPARTEMENTS, DANS TOUS LES BUREAUX DE POSTE
ET CHEZ TOUS LES LIBRAIRES

1341. — Paris. Imp. Félix Malteste et Cie, rue des Deux-Portes-St-Sauveur, 22.

www.ingramcontent.com/pod-product-compliance
Lightning Source LLC
Chambersburg PA
CBHW060722050426
42451CB00010B/1582